Ulrich Kulicke

Menschliche Gefühle

mit Illustrationen von Viktoria Wagner

Herstellung und Verlag: BoD – Books on Demand, Norderstedt

Bibliografische Information der Deutschen Nationalbibliothek:

Die Deutsche Nationalbibliothek verzeichnet diese Publikation in der Deutschen Nationalbibliografie; detaillierte bibliografische Daten sind im Internet über http://dnb.dnb.de abrufbar.

ISBN: 978-3-7460-3105-7

Stade, im Juli 2019

Inhaltsverzeichnis

Gefühle

Gefühle sind im Innern spürbar,
sind stimmungsbarometergleich,
nuancen- und facettenreich
und zeigen Menschen als berührbar.

Sie lassen sich nicht unterdrücken
und schwingen ständig in dir mit,
begleiten dich auf Schritt und Tritt,
sind da in allen Augenblicken.

Sie gleichen manchmal Explosionen,
sind wie Vulkane eruptiv,
im Hirn gesteuert instinktiv,
entladen sich als Emotionen.

Stets wirken sie wie Seismographen,
bewerten das, was man erlebt,
sind Spiegel, wenn die Seele bebt,
und nehmen Einfluss, selbst beim Schlafen.

Gefühle sind komplex, vielschichtig,
sie gleichen einer Sinfonie
mit wechselvoller Harmonie
und sind als Stimmungsbildner wichtig.

Angst

Die Angst lässt dich erschauern. Auf der Stelle
ist Konfusion in dir entfacht,
und alarmiert ist jede Nervenzelle:
Die Angst ist stark und sie hat Macht!

Die Angst ist unberechenbar. Denn plötzlich
bricht sie hervor, lähmt dich total.
Du spürst sie intensiv, fühlst dich entsetzlich:
Der Schweiß bricht aus, die Haut wird fahl.

Das Herz beginnt zu pochen, wild zu schlagen,
die Augen blicken schreckensstarr,
die Stimme wird hysterisch, will versagen,
und hoch stellt sich das Nackenhaar.

Die Angst ist gnadenlos, sie quält und peinigt
und macht den Körper hochaktiv.
Sie putscht ihn auf, bis die Gefahr bereinigt,
dann schwindet sie ganz instinktiv.

Die Angst ist lästig, aber lebenswichtig,
agiert, wenn dir Versagen droht.
Sie steuert dich in Nöten immer richtig –
und du? Du bleibst damit im Lot!

Ärger

Der Ärger ist ein lästiger Geselle,
erzürnt dich und macht dich verstimmt,
kommt aus dem Hinterhalt auf alle Fälle
ganz plötzlich, was dich sehr ergrimmt.

Noch eben schien das Leben gut zu laufen,
war alles noch im rechten Lot.
Doch plötzlich ist es nur zum Haare raufen,
und wer betroffen ist, sieht rot.

Laut fluchend grollst du, spuckst nur bitt're Galle:
Das Schicksal ist ja so gemein!
Und hinterlistig, fies in deinem Falle,
denn du hast alles, nur kein Schwein!

Der Ärger schickt dir bitterböse Grüße,
und diese wirst du nun nicht los.
Du spürst nicht länger mehr des Lebens Süße,
nur noch Verdruss und Sorgen bloß.

Doch oftmals hilft es, ihn zu ignorieren,
weil Ärger selten wirklich lohnt
und Ärgernisse eben mal passieren:
Selbst Klügste werden nicht verschont.

Ekel

Der Ekel überfällt dich, blankes Grauen
erfüllt dich plötzlich ganz und gar.
Du bist entsetzt, gelähmt, magst dich nicht trauen,
zu glauben, was du siehst, sei wahr.

Dich schaudert, es erstarren deine Glieder,
dein Herz verkrampft sich in der Brust.
Die Abscheu ist geweckt, du taumelst nieder,
dein Haar sträubt sich ganz unbewusst.

Der Ekel fällt dich an, füllt dich mit Grausen,
kaum siehst du Spinnen, haarig, groß.
Du kreischst, bist panisch, willst von dannen sausen:
Nur weg von hier, so denkst du bloß.

So geht's dir auch beim Anblick großer Schlangen:
Der Ekel schüttelt dich total.
Du zitterst, bibberst, starrst sie an mit Bangen –
schon bist du fort mit einem Mal.

Der Ekel ist ein hässlicher Geselle,
die Brüder heißen Angst und Schreck,
sie droh'n , elektrisier'n dich auf der Stelle –
und du? Du weichst und willst nur weg.

Freude

Die Freude drückt sich aus als Glücksempfindung,
befördert wahre Lebenslust.
Sie stimuliert, ist gleichsam eine Zündung
für's Herz: Das tanzt in deiner Brust.

Und wie es schlägt! Die Freude lässt es beben,
du fühlst dich stark, du fühlst dich gut.
Du möchtest hoch hinauf zum Himmel schweben,
und in dir wächst der Lebensmut.

Euphorisiert bist du, die Augen lachen,
die Freude steht dir im Gesicht.
Du möchtest scherzen, Kopfstand machen:
Die Welt erstrahlt im hellen Licht.

Oh, möge dieser Zustand ewig währen,
oh, ginge er zu Ende nie,
nichts würde trüben mehr und nichts beschweren,
in dir wär eitel Harmonie.

So träume nur, doch Träume sind es eben,
denn jede Freude schwächt sich ab.
Der Alltag kommt, Normalität im Leben:
Der Wechsel vom Galopp zum Trab.

Furcht

Die Furcht macht dich besorgt, lässt dich erschauern,
du spürst und witterst die Gefahr.
Real scheint sie, sie lässt dich niederkauern,
schon sträubt sich dir das Nackenhaar.

Beklommen merkst du, wie die Kräfte schwinden,
wie völliges Versagen droht.
Du suchst verzweifelt, einen Weg zu finden,
der dich herausführt aus der Not.

Die Furcht, die dich erfüllt, kannst du beschreiben,
woher sie kommt, ist dir schon klar.
Dir fehlt die Zuversicht, sie zu vertreiben,
sie scheint für dich nicht angreifbar.

Die Furcht entsteht konkret oft durch Personen,
die Einfluss haben oder Macht
und gegen dich verwenden, dich nicht schonen –
so ist zumindest dein Verdacht.

So kann die Furcht, auch wenn sie quält, dir nützen:
Sie gibt der Vorsicht Rückenwind.
Du bist gewarnt und kannst dich wirksam schützen
und handelst weder dumm noch blind.

Gelassenheit

Gelassenheit macht dich so ausgewogen,
du findest für dich die Balance
und bist im Gleichgewicht, auf dich bezogen,
erfährst in dir die Contenance.

Dich kann so gar nichts aus der Fassung bringen,
entspannt bist du und krisenfest.
Der Gleichmut herrscht in dir vor allen Dingen,
der dich geduldig werden lässt.

So wirkst du wie ein Fels in rauer Brandung,
und widerstehst dem Wellengang.
Du bietest einen Ankerplatz zur Landung:
Verlass ist auf dich lebenslang.

Was du auch tust, du machst es gottergeben,
bedachtsam und mit rechtem Maß,
bleibst nüchtern, lässig, cool in deinem Leben
und hast daran auch deinen Spaß.

In dir sind Seelenfrieden, Ruhe, Stille,
du handelst mit Besonnenheit.
Von Abgeklärtheit ist geprägt dein Wille,
von Selbstbeherrschung jederzeit.

Glück

Das Glück ist, wie das Paradies auf Erden,
ein Zustand, den man sich ersehnt,
in dem die schönsten Träume Wahrheit werden,
man gleichsam sich im Himmel wähnt.

Wie lacht das Herz und jubiliert im Innern,
wie strahlt vor Freude das Gesicht!
Wer wirklich Glück hat, zählt zu den Gewinnern
und steht im Glanz vom Sonnenlicht.

Doch lässt sich Glück in keinem Fall erzwingen:
Der Zufall führt bei ihm Regie.
Denn unerklärlich bleibt vor allen Dingen,
warum es kommt: Das weiß man nie!

Da helfen Horoskop nicht, Karten legen,
auch Seher nicht und kein Prophet.
Das Schicksal folgt geheimnisvollen Wegen,
die keine Macht, kein Mensch errät.

Wer Glück hat, fühlt sich gut in seinem Leben,
wird optimistisch und gewinnt
an Zuversicht. Und deshalb hofft er eben,
dass dieses Glück ihm nie zerrinnt.

Hass

Der Hass durchtränkt das Herz mit Gift und Galle,
vernichtet jedes Mitgefühl.
Wer ihm erliegt, der ist in seiner Kralle,
und die diktiert ihm jedes Ziel.

Der Hass ist blind und Ausdruck dunkler Mächte,
verschließt sich jedem Argument.
Brutal ist er, missachtet Menschenrechte –
Gewalt, das ist sein Instrument.

Der Hass greift um sich, infiziert die Massen,
erzeugt sich selbst durch Hysterie.
Und wahnhaft richtet er sich gegen Rassen,
verbrämt als Ideologie.

Dann zeigt er seine kollektive Fratze
und bringt ein ganzes Volk in Not,
verdreht gezielt das Wort in jedem Satze,
mit dem er Hetze treibt und droht.

Am Ende führt der Hass nur ins Verderben,
zerstört den Frieden überall,
die Welt zerbricht, und alles liegt in Scherben –
für die Natur ein Unglücksfall.

Hoffnung

Die Hoffnung ist zentral als Lebensquelle,
sie weckt in dir die Zuversicht,
macht Mut, auch noch beim Schlimmsten aller Fälle:
Trotz Dunkelheit gibt sie dir Licht.

Die Hoffnung lässt dich immer wieder glauben,
es gibt ein Weg aus größter Not,
und diese Hoffnung kann dir niemand rauben,
sie stärkt dich wie das täglich Brot.

Die Hoffnung kann verführ'n zum Spekulieren,
sie setzt dir einen Floh ins Ohr,
du könnest eher gewinnen als verlieren:
Sieh da, schon gibt's ein Eigentor.

Doch wird die Hoffnung in dir nie versiegen,
solang du lebst, wirkt sie als Kraft:
Du bäumst dich auf, lässt dich nicht unterkriegen,
kämpfst tapfer und mit Leidenschaft.

Die Hoffnung geht mit dir durchs ganze Leben,
hebt über Hürden dich hinweg.
Sie stimuliert dich, permanent zu streben:
Das ist ihr ganzer Sinn und Zweck.

Liebe

Die Liebe ist beglückend und beständig
erfüllt sie dich mit ihrer Glut.
Dein Herz frohlockt, pulsiert in dir unbändig
und spendet and'ren Lebensmut.

Die Liebe treibt dich an zu guten Werken,
sie ist fürsorglich-konstruktiv,
will helfen, stützen, zärtlich sein und stärken
und wurzelt in der Seele tief.

Die Liebe ist das Fundament fürs Leben,
denn ohne Liebe geht es nicht,
sie gleicht der Sonne: Sie will Wärme geben –
vertreibt die Dunkelheit durch Licht.

Wo Liebe herrscht, da enden Streit und Kriege,
und Hass und Zwietracht gehen ein.
Sie überwältigt alle, feiert Siege
und will nur eins: Beglücker sein.

Vor allem fördert Liebe das Vertrauen,
sie lässt Beziehungen erblüh'n,
und jede Zweisamkeit will darauf bauen:
Sie lässt zwei Herzen voll erglüh'n.

Lust

Die Lust ist eine Stimulanz im Leben,
ein Kitzel, der elektrisiert
und den du suchst, denn er lässt dich erbeben.
Du bist nur eins: euphorisiert.

Beschwingt bist du, du möchtest nur noch lachen,
weil du das Leben so genießt
und Lebenskräfte sich in dir entfachen,
das Blut dir durch die Adern schießt.

Die Lust durchströmt dich, fließt bis in die Glieder
und wirkt in dir fundamental,
du willst sie halten, suchst sie ständig wieder:
Sie ist für dich die erste Wahl.

Von Lust erfüllt, lässt du dich schnell begeistern,
stürzt dich in die Aktivität,
und energiegeladen kannst du vieles meistern,
weil dir auch nichts im Wege steht.

Beflügelnd wirken auf dich die Hormone,
sie machen dich dynamisch jung,
erwecken Kräfte in dir zweifelsohne
verleihen dir Elan und Schwung!

Neid

Der Neid hockt Übles brütend da und lauert,
dass er sein Gift versprühen kann.
Als Kleingeist, fest im Menschen eingemauert,
greift er Erfolge andrer an.

Er mäkelt, nörgelt, kritisiert fast alles,
er spaltet selbst das feinste Haar,
sucht maliziös die Schwächen jedes Falles –
nur was er sagt, das ist nicht wahr.

Er kompensiert das eigne Unvermögen
und stutzt den and'ren, macht ihn klein,
gebärt sich oft, als sei er überlegen,
und blendet dann mit falschem Schein.

Ist er zu krass, wird er sich demaskieren,
enthüllt sich selbst als kleines Licht.
Er kann nur eines: Mängel deklarieren –
doch besser machen kann er's nicht.

Der Neid ist Instrument nur kleiner Geister,
und ihnen dient er ungeniert.
Wer ihn erkennt, macht sich zu seinem Meister,
indem er ihn stets ignoriert.

Scham

Die Scham macht dich beklommen und verlegen,
von großer Pein bist du erfüllt,
verletzt hast du den Anstand und verwegen
Intimität von dir enthüllt.

Die Scham treibt dir die Röte in die Wangen,
dein Blick zum Boden starr gesenkt.
Du hast nur einen Wunsch und ein Verlangen,
dass man nicht übel von dir denkt.

Du hast gesetzten Normen nicht entsprochen,
missachtet, was man machen darf,
hast die Moralvorstellungen gebrochen:
Der Bannstrahl trifft dich darum scharf.

Nun fühlst du nackt dich, bloß und ganz entsetzlich,
geächtet und auch so gelähmt.
Du bist auch hilflos und erscheinst verletzlich,
denn du hast dich zutiefst geschämt.

Die Scham hilft dir, in Zukunft zu vermeiden,
dass dir dies Missgeschick passiert,
denn Schamgefühle lassen einen leiden:
Du selbst bist nicht dran interessiert.

Schmerz

Der Schmerz durchzuckt dich wie ein Blitz im Innern,
er quält dich und ist eine Pein.
Du reagierst sofort, neigst gar zum Wimmern,
fühlst dich verloren und allein.

Der Schmerz ist lästig, schwerlich zu ertragen,
er tötet jede Lebenslust
und weckt ein krisenhaftes Unbehagen,
macht dir das Kranksein sehr bewusst.

Er warnt dich, gibt dir deutliche Signale:
ein Weckruf, der dich alarmiert
und quält und reizt. Du willst mit einem Male,
dass eine Linderung passiert.

Denn Schmerzen lassen sich nicht ignorieren,
die Nerven spielen ja verrückt,
und du musst handeln, wirksam reagieren,
damit die Schmerzbefreiung glückt.

Der Schmerz ist lästig, aber seine Rolle
hilft einem Menschen in der Not.
Denn letztlich ist er so was wie Kontrolle,
die Körperaufsicht sein Gebot.

Schwermut

Die Schwermut lastet, macht das Leben schwerer,
blockiert den Fluss der Energie,
wirkt gleichsam wie ein Lebensmut-Zerstörer:
In dir herrscht Nacht und Sonne nie!

Die Schwermut lähmt dich, wie wenn Bleigewichte
sich auf dich legten – tonnenschwer.
Sie macht dir alle Pläne, Hoffnungen zunichte:
Dir fehlt der Schwung und nichts geht mehr.

Du hältst den Kopf gesenkt, fühlst dich ermattet,
du ziehst dich still in dich zurück.
Auch die Gedankenwelt ist überschattet,
und trüb-verdüstert ist dein Blick.

So siechst du hin, bist nur am Vegetieren,
dein Flügelschlag ist lahm und schwach.
Und nichts und niemand kann dich interessieren,
die Lebenskurve läuft nur flach.

Da bleibt nur eins: den Arzt zu konsultieren,
der hilft mit einer Therapie.
Die stärkt die Psyche: Sie wird triumphieren
und zwingt die Schwermut in die Knie!

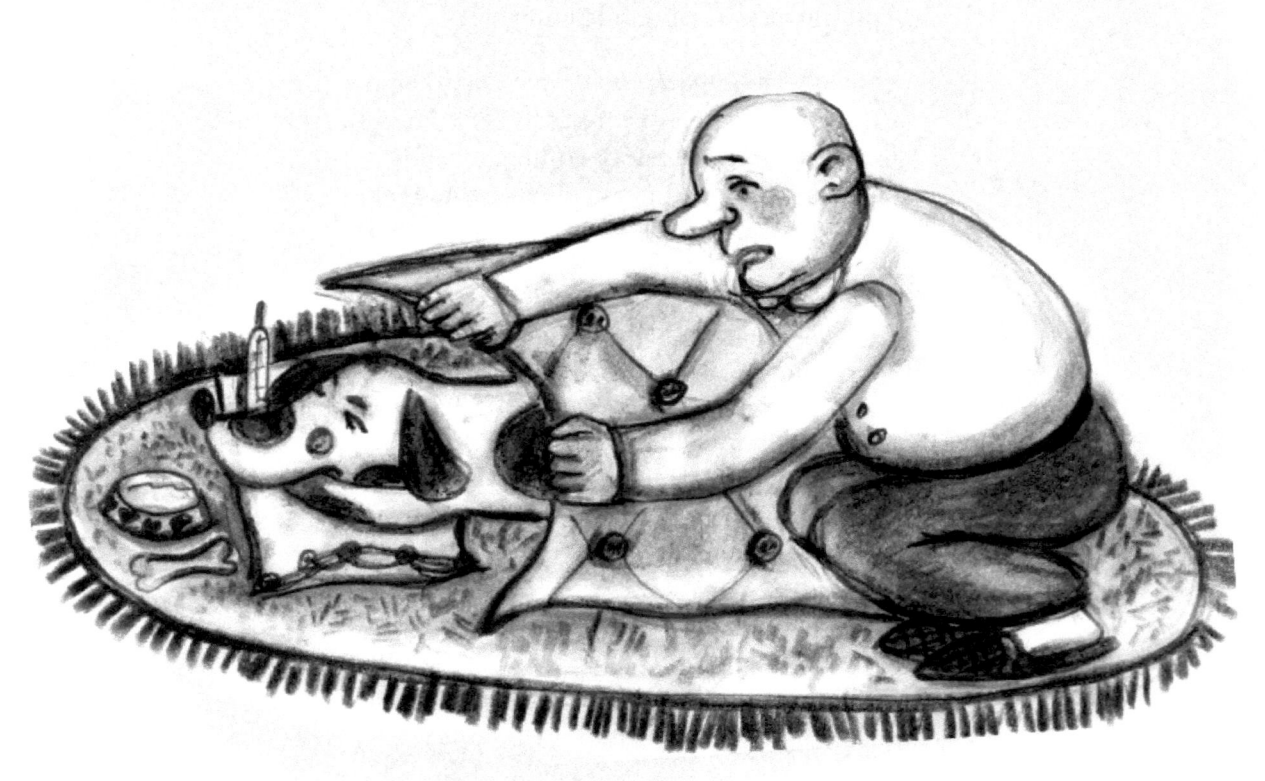

Sorge

Die Sorge macht dich achtsam, lässt dich wachen:
Du bist bemüht und kümmerst dich
um Menschen, Tiere, um Familiensachen,
lässt nichts und niemanden im Stich.

Die Sorge liegt dir quälend auf der Seele,
du fürchtest irgendwelche Not,
dass einem Menschen, den du liebst, was fehle,
dass ihm Gefahr fürs Leben droht.

Die Sorge treibt dich an zum raschen Handeln:
Umsichtig wirst du, wirst aktiv,
um die Bedrohungslage abzuwandeln,
um vorzubeugen präventiv.

Gedanken kreisen so in dir beständig,
auf Schritt und Tritt begleiten sie
und treiben dich voran, um eigenhändig
wirksam zu helfen irgendwie.

Auch an dich selbst denkst du und machst dir Sorgen
und willst ein Leben mit Gewinn.
Du strebst für dich und blickst dabei auf Morgen:
Erfüllung suchst du! Lebenssinn!

Stolz

Der Stolz reckt sich, streckt seinen Kopf zum Himmel,
er ist der Sonne ja so nah,
bekränzt sein Haupt, verziert mit Schmuck und Fimmel,
die Brust geschwellt, so steht er da.

Er lässt sich preisen, nimmt das Lob entgegen:
Das Wort an ihn ist hymnenhaft!
Er steht im Glanz und fühlt sich überlegen,
gekrönt durch eine Meisterschaft.

Wie strahlt sein Auge, lacht aus jedem Winkel,
wie hüpft das Herz in seiner Brust.
Der Stolz erscheint als Gockel, feiner Pinkel
mit prahlerischer Lebenslust.

Leicht wirkt er dann blasiert und überheblich,
sieht nur sich selbst, den and'ren nicht.
Er trägt die Nase hoch und handelt schädlich,
sodass sein Renommee zerbricht.

Der Stolz bewegt sich nur auf dünnem Eise,
er balanciert auf schmalem Grat:
Bleibt er bescheiden, unaufdringlich, leise,
dann akzeptiert man sein Format.

Trauer

Die Trauer ist die Auszeit für die Seele:
Der Zeiger deiner Uhr bleibt steh'n.
Der Atem stockt, wie zugeschnürt die Kehle,
betroffen macht dich das Gescheh'n.

Du blickst zurück, du denkst an alte Zeiten,
daran, wie's früher einmal war,
lässt die Gedanken kreisen, weithin gleiten
und holst dir alte Bilder nah.

Doch nun erscheint die Welt im trüben Lichte,
die Blumen sind verwelkt, verblüht.
Was noch vor kurzem lebte, ist zunichte,
der letzte Funke ist verglüht.

Was wichtig für dich war, ist hingestorben,
und nun, nun spürst du den Verlust.
Bedrückt bist du, dir graut schon vor dem Morgen –
du machst nur, was du machen musst.

Die Trauer hilft dir, Abstand zu gewinnen,
sie heilt Wunden, lindert Leid.
In dir herrscht Ruhe, Einkehr, stilles Sinnen,
und dafür braucht die Seele Zeit.

Überraschung

Die Überraschung kann dich sehr verwirren:
Du weißt nicht recht, wie dir geschah!
Erschreckt schaust du, und deine Blicke irren
verwirrt, verzagt: Was war denn da?

Was eintrat, war ganz unvorhergesehen
und kündigte sich gar nicht an.
Begreifen willst du: Wie konnt' das geschehen?
fragst du perplex-erstaunt dich dann.

Du rätselst, willst dir einen Reim drauf machen,
stampfst mit dem Fuß unkontrolliert,
errötest, machst total verrückte Sachen,
wirkst völlig desorientiert.

Die Augen sind zumeist dabei geweitet:
Du starrst ungläubig vor dich hin.
Du warst so überhaupt nicht vorbereitet,
und darum bebt dir auch das Kinn.

Die Überraschung lässt dich reagieren,
du suchst erneut nach der Balance
und willst auf keinen Fall den Halt verlieren,
denn eines brauchst du: Contenance.

Verachtung

Wer jemanden verachtet, lässt ihn fallen,
nimmt ihm Prestige und Renommee,
behandelt despektierlich ihn vor allem
und tut so seiner Seele weh.

Verachtung straft und lässt das Anseh'n sinken,
setzt den Verachteten herab.
Sie führt dazu, ihn hässlich anzuschminken
und malträtiert ihn nicht zu knapp.

Verachtet wird, wer Schuld auf sich geladen
und sich vorbei benommen hat.
Nun steht er da und trägt für sich den Schaden
und senkt den Kopf und fühlt sich matt.

Verachtung ist beherrscht von dem Gedanken:
Bereite einem andren Schmerz.
Verstoße ihn und bringe ihn zum Wanken,
gib ihm den Stich hinein ins Herz!

Verachtung steuert das soziale Leben
und reguliert es konsequent,
bestraft mithin ein fehlerhaftes Streben
nachhaltig, wirksam, vehement.

Wut

Die Wut kommt plötzlich und ist nicht zu zügeln:
Sie packt und schüttelt dich total.
Du schlägst um dich, schlägst wie mit tausend Flügeln,
bist heftig, grob und radikal.

Die Augen schauen drohend, quellen über,
sie funkeln, grollen, sind kreisrund.
Du redest laut und heftig wie im Fieber
und hast dabei noch Schaum vorm Mund.

Die Wut lässt sich durch Widerworte steigern,
das Feuer lodert dann noch mehr.
Sie wird erst recht sich der Vernunft verweigern,
und jeder Dialog fällt schwer.

Die Wut erscheint als Ausbruch von Gefühlen,
die Emotion verschafft sich Luft.
Hat sie getobt, beginnt sie abzukühlen
und kehrt zurück in ihre Gruft.

Dort wartet sie, liegt ständig auf der Lauer,
sucht ihre Chance, ist sprungbereit. –
Doch klug beraten ist nur, wer auf Dauer
sie dort belässt für alle Zeit.

Zorn

Vulkangleich bricht der Zorn aus und spuckt Feuer,
dein Geist ist geradezu entflammt!
Ein Vorkommnis erregt dich ungeheuer
und echauffiert dich insgesamt.

Die Augen weiten sich und schleudern Blitze,
die Adern an der Stirn schwell'n an.
Du fieberst heftig, redest dich in Hitze,
der Kragen platzt dir irgendwann.

Du kannst, was du gehört hast, nicht ertragen,
in Rebellion ist dein Verstand.
Er fokussiert sich, formuliert sein Unbehagen,
gerät fast außer Rand und Band.

Denn was dir widerfährt, lässt dich erbeben,
erschüttert dich, macht dich bereit
zum Gegenschlag. Du willst das Wort erheben,
suchst heftig und gezielt den Streit.

Der Zorn schwillt ab, wenn sich die Argumente finden,
der eigne Standpunkt klipp und klar
verdeutlicht wird. Dann wird er schnell verschwinden.
Wenn das gelingt, macht er sich rar.

Zufriedenheit

Zufriedenheit ist als Gefühl im Leben
elementar und ganz zentral.
Sie ist als Ziel vom Menschen anzustreben
und ist für ihn stets erste Wahl.

Sie zeigt ihm innerlich und selbstbezogen
ein Maß der Ausgeglichenheit:
Sein Tun und Handeln waren ausgewogen,
Gefühle nicht im Widerstreit.

Was er erstrebte, konnte er erreichen
durch Einsatz seiner eignen Kraft.
Sie ist Gewähr für ihn als gutes Zeichen
von Tatendrang und Leidenschaft.

Zufriedenheit hat vielerlei Gesichter,
vor allem eins: Gelassenheit.
Sie weckt die Zuversicht, macht vieles lichter,
gibt innerliche Heiterkeit.

Am Ende will ein jeder Mensch im Leben
in der Bilanz Zufriedenheit.
Er wird bemüht sein und sie stets erstreben
in seiner ganzen Lebenszeit.

Zweifel

Der Zweifel ist ein kritischer Begleiter,
er macht das Leben spürbar schwer,
er zieht die Bremse an, und nichts geht weiter:
Was sicher schien, das gilt nicht mehr.

Du drückst ihn nieder, forderst nun sein Schweigen,
doch lässt er sich darauf nicht ein.
Er rührt sich, wird sich unterschwellig zeigen
und gießt dir Wermut in den Wein.

Er lässt sich nicht becircen, korrumpieren,
ist unbestechlich und bleibt hart,
will dich in deinen Handlungen blockieren
und spielt in dir den Widerpart.

Der Zweifel ist ein lästiger Geselle:
Ist er geweckt, bleibt er besteh'n,
Du reitest mit ihm wie auf einer Welle
und kannst am Ende untergeh'n.

Nur eine Chance bleibt dir, ihn zu besiegen:
Gib deine Argumente deutlich an
und sorg dafür, sie gründlich abzuwägen –
wenn's glückt, durchbrichst du seinen Bann.